아홉 살에 처음 만나는
우리 땅 독도

아홉 살에 처음 만나는

우리 땅 독도

초판 1쇄 인쇄일 | 2025년 4월 15일   초판 1쇄 발행일 | 2025년 4월 20일

지은이 | 김세라
일러스트 | 진지현
펴낸이 | 강창용
기획 | 강동균
편집 | 이헌건
디자인 | 가혜순
마케팅 | 성현서, 유채연

펴낸곳 | 하늘을나는코끼리
출판등록 | 1998년 5월 16일 제10-1588
주 소 | 경기도 고양시 일산동구 고양대로 953-17, 한울빌딩 2층
전 화 | (代)031-932-7474
팩 스 | 031-932-5962
이메일 | feelbooks@naver.com

ISBN 979-11-6195-235-2   73980

* 책값은 뒤표지에 있습니다.   * 잘못된 책은 구입처에서 교환해 드립니다.

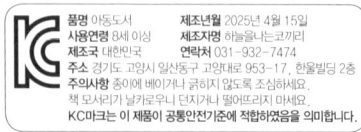

 하늘을나는코끼리는 느낌이있는책의 어린이책 브랜드입니다.

아홉 살에 처음 만나는

우리 땅 독도

김세라 지음
진지현 그림

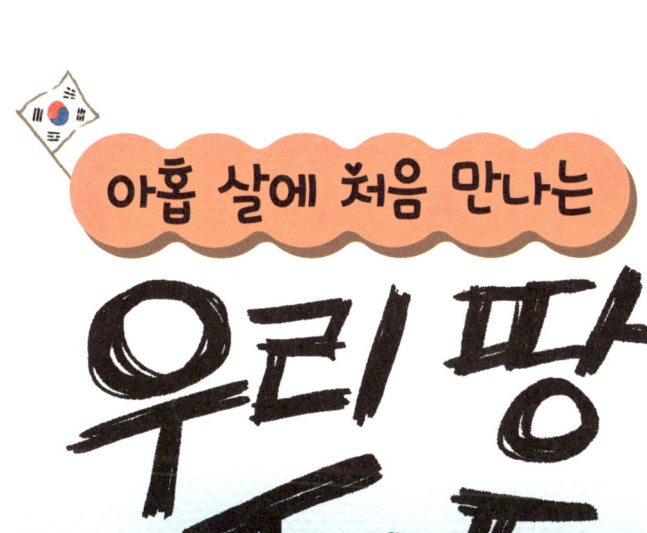

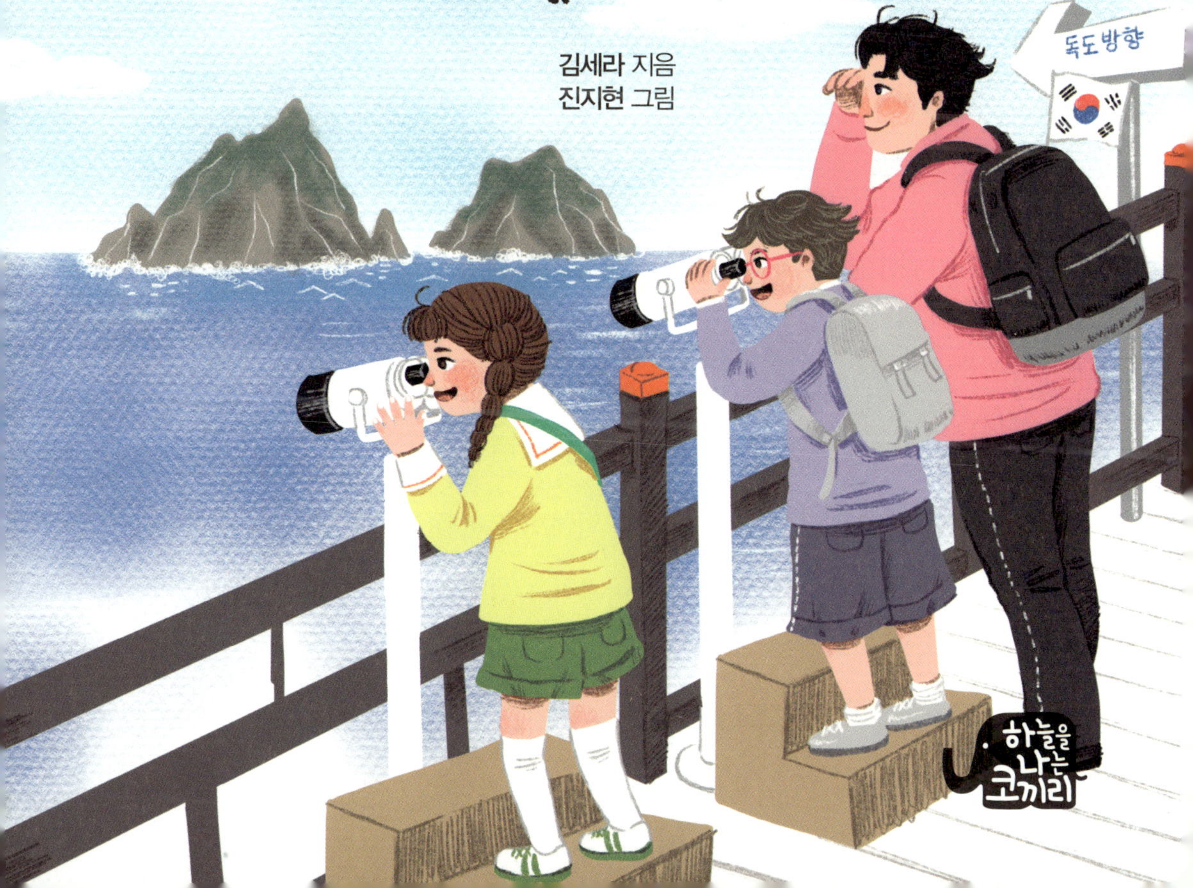

하늘을 나는 코끼리

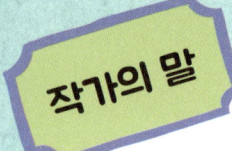

우리가 아끼고 사랑하는 독도!

　우리나라에는 섬이 참 많습니다. 전부 다 합해서 무려 3,382개나 된답니다. 사람이 살고 있는 유인도건 사람이 살지 않는 무인도건 우리에겐 모든 섬이 다 아름답고 소중합니다.

　그중에서도 저 멀리 동해 끝에 있는 독도는 아주 특별한 섬입니다. 분명히 우리 섬인데도 일본이 계속 자기네 섬이라고 우기면서 호시탐탐 노리고 있기 때문입니다. 독도가 옛날부터 우리 섬이었다는 것은 한·일 두 나라의 여러 고문서와 고지도에도 뚜렷이 나타나 있습니다.

　그런데도 일본은 그런 말도 안 되는 억지 주장을 마치 사실인 것처럼 교과서에 수록하여 초·중·고 학생들에게 가르치고 있습니다. 특히 초등 교과서에는 독도에 대해 "한국에 불법으로 점거되어 일본이 항의하고 있다"라고 실려 있다니, 일본 초등학생들은 한국이 국제법을 어기고 일본 땅을 차지하고 있는 걸로 알고 있겠지요? 일본은 독도 문제 외에도 우리와 관련된 역사를 자기들에 유리하게끔 멋대로 뜯어고치고 생떼를 쓰기 일쑤입니다. 이런 일본과 이웃 나라로 잘 지내야 하는데… 참 어려운 일입니다.

　이 책에는 시우가 삼촌과 함께 독도에 드론 촬영을 다녀오는 이야기가 실려 있습니다. 독도에 대해 막연하게 알고 있던 시우는 독도 여행을 통해 독도를 둘러싼 역사적 사실에 조금씩 눈뜨게 됩니다. 그리고 그동안 독도를 지키기 위해 애쓰신 분들의 노고를 알게 됩니다. 또한, 실제로 독도를 두 발로 디뎌보고 풍광을 영상에 담아보며 우리 땅 우리 바다를 온몸과 마음으로 느끼게 됩니다.

　독도는 정말 '어렵게 지켜온 곳'이고 우리가 '꼭 알아야 하는 곳'입니다. 그래서 '정말 가보고 싶은 곳'이긴 한데, 날씨 때문에 '하늘이 도와줘야 갈 수 있는 곳'이기도 합니다. 일단 가면 누구나 '가슴이 뭉클해지는 곳'이고, 영원히 '우리가 아끼고 사랑하는 곳'이죠. 작은따옴표를 붙인 문구들은 이 책을 구성하는 단원들의 제목이기도 합니다. 독도에 대해 우리가 느끼는 애정과 그리움, 안타까움, 염원 등을 담아보고자 했습니다.

　자, 이제 이 책을 읽고 우리 모두 독도의 친구, 독도의 지킴이가 되어 볼까요?

작가의 말 • 4

정말 가보고 싶은 곳 • 9

꼭 알아야 하는 곳 • 29

어렵게 지켜온 곳 • 49

4장

하늘이 도와줘야 갈 수 있는 곳 · 69

5장

가슴이 뭉클해지는 곳 · 93

6장

우리가 아끼고 사랑하는 곳 · 109

1장

정말
가보고 싶은 곳

 시우는 아까부터 책상에서 계속 끙끙대는 중입니다. 글짓기 숙제를 하고 있거든요. 글짓기 주제는 '독도 사랑'입니다. 빨리 숙제 끝내고 놀이터에서 신나게 놀고 싶은데, 생각이 머릿속에서 맴돌기만 할 뿐 글이 잘 써지지 않습니다.
 선생님이 숙제를 내주시면서 독도를 꼭 지켜야 한다고 말씀하셨어요. 생각해 보니, 엄마 아빠가 뉴스를 보실 때 가끔 독도에 관한 내용이 나왔던 것 같아요. 그때마다 꼭 일본 이야기도

같이 나왔던 것 같고요. 아무튼 '독도 사랑'에 대해 글을 써야 하는데, 어떻게 써 내려가야 할지 생각이 잘 떠오르지 않아요.

그때 초인종 소리가 들렸습니다. 삼촌이 왔나 봐요.
"삼촌이다!"
잠시 후 삼촌이 현관에 들어섰습니다. 삼촌은 시우가 좋아하는 아이스크림을 잔뜩 사 갖고 왔어요. 시우가 반갑게 삼촌을 부릅니다.
"삼촌! 삼촌!"
"어 그래, 우리 시우, 얼마나 튼튼해졌나 볼까?"
삼촌은 시우를 보자 한 손으로 번쩍 들어 올릴 것처럼 장난을 칩니다. 시우는 삼촌의 장난이 재미있는지 까르르 웃습니다. 엄마와 아빠도 삼촌을 반갑게 맞이합니다.

모두 소파에 둘러앉아 과일을 먹고 음료수를 마시며 이야기를 나눕니다. 근데 삼촌이 며칠 후 독도에 갈 일이 있다고 합니다. 드론으로 독도 영상을 촬영하러 간답니다.

"네가 독도를 간다고?"

"어, 드론을 시작한 이상 독도는 한번 제대로 찍어 봐야 하지 않겠어?"

"독도 좋지~. 처남 갈 때 나도 따라가고 싶다."

"나야말로 가고 싶네. 휴가 내기 쉽지 않아서 그렇지…. 그런데 독도를 아무나 가서 찍을 수 있니? 허가받아야 하는 거 아냐?"

"응 허가받아야 하는 건 아니고 미리 신청만 하면 누구나 찍을 수 있어."

"그렇구나."

"처남, 독도 언제 가는데?"

"당신 진짜 가려고?"

"못 갈 것도 없지."

독도 글짓기 숙제를 하다 달려온 시우도 독도라는 말에 귀가 쫑긋해졌습니다.

"삼촌, 나도 갈래! 나도 독도 알아!"

"어휴 시우 너까지…. 이러다 다 따라오게 생겼네. 하하."

삼촌이 난처해하면서 웃었습니다. 그때 TV 뉴스에서 이런 말이 흘러나왔습니다.

"일본 정부는 외교청서를 통해 독도는 일본 땅이라고 거듭 주장했습니다. 우리 정부는 일본 정부에 부당한 주장 철회를 촉구하며 주한일본대사관 총괄공사를 불러서 항의했습니다."

"아니, 일본이 또 독도를 자기네 땅이라고 우기네!"

삼촌은 잔뜩 화가 난 얼굴로 주먹을 불끈 쥐었어요.

"그러게 말이야. 멀쩡한 남의 땅에 저렇게 눈독 들이는 거 보면 일본 참 뻔뻔해."

"독도 생각만 하면 정말 피가 끓는다니까!"

"정신 바짝 차려야 해. 까딱하다간 독도 뺏기게 생겼어."

"그런 일이 있으면 절대 안 되지!"

그렇습니다. 이웃 나라 일본은 우리 땅 독도를 자기네 땅이라고 우기면서 호시탐탐 넘보고 있어요. 또 우리 동해를 마음대로 '일본해'라고 부르면서 동해가 세계 여러 지도에 '일본해'로 표시되도록 하려고 갖은 애를 쓰고 있지요.

일본은 우리와 이웃하고 있는 가장 가까운 나라예요. 하지만 일본은 지난 세기 우리나라를 식민지로 삼고 온갖 나쁜 짓을 저질렀습니다. 그것만 해도 분통 터지는 일인데, 사과는커녕 과거의 잘못을 제대로 인정하지 않고 발뺌하기 일쑤입니다. 게다가 지금도 틈만 나면 우리 땅 독도와 우리 바다 동해를 자기네 땅, 자기네 바다라고 주장하면서 노리고 있지요. 우리가 일본을 '가깝고도 먼 이웃'이라고 부르는 이유랍니다.

"두고 봐. 이번에 가서 우리 땅 독도가 얼마나 기막힌 곳인지 제대로 찍어 올 테니까."

"삼촌 나도 갈래! 가서 삼촌이 드론 찍는 거 구경할래!"

"그래, 시우 너는 내가 데려간다. 미래세대가 우리 땅 독도를 알아야 제대로 지키지!"

"진짜? 삼촌 최고!"

시우는 신나서 삼촌의 어깨에 올라탔어요. 삼촌은 이런 시우를 귀엽다는 듯이 바라봤습니다.

"누나, 매형, 이번엔 시우만 데리고 갔다 올게요. 다음에는 일정 맞춰서 같이 가요."

"그렇게 해. 시우야, 가서 엄마 아빠 몫까지 잘 보고 와. 우리 땅 독도를 가슴에 잘 담아 와. 알았지?"

"응!"

시우는 신나서 큰소리로 대답했어요.

삼촌은 시우에게 한 가지를 당부했습니다.

"한 가지만 약속하자. 독도가 어떤 곳인지 미리 공부하고 가기. 알았지?"

"그래, 시우가 이번 기회에 독도 박사가 되면 되겠네."

"응, 뭐 그 정도야!"

시우는 문제없다는 듯이 고개를 끄덕거렸어요.

드디어 독도 가는 날이 정해졌어요. 시우는 교외체험학습 신청서를 학교에 내고, 삼촌과 약속한 대로 독도 공부를 시작했어요. 책을 보니 독도에 대해 다음과 같이 쓰여 있었어요.

　독도는 우리나라 동쪽 끝에 있는 섬이다. 주소는 경상북도 울릉군 울릉읍 독도리 1~96번지에 걸쳐있다. 독도는 화산활동으로 만들어졌으며, 2개의 큰 섬인 동도와 서도를 중심으로 89개의 조그마한 바위와 암초로 이루어져 있다. 등대 등 주요 시설은 대부분 동도에 있다. 독도는 동해 한가운데 자리 잡고 있어 배의 항로뿐만 아니라 군사적으로도 중요하다. 독도에는 괭이갈매기와 야생화 등 다양한 동식물이 살고 있다. 옛날에는 독도 주변에 해양 포유류인 강치가 많이 살았는데 일제강점기에 일본 어부들이 함부로 잡아들여 멸종된 상태다.

등대와 경비대

시우는 막연하게 알고 있던 독도가 머릿속에 조금씩 선명하게 그려지기 시작했어요. 시우는 독도 가는 날이 빨리 왔으면 좋겠다 싶었어요. 괭이갈매기와 야생화도 빨리 보고 싶고, 멸종되었다는 강치가 불쌍하기도 했어요.

그날 밤 시우는 신기한 꿈을 꿨어요. 어디선가 '꾸룩 꾸룩' 하는 동물의 울음소리가 들리더니 갑자기 강치 한 마리가 눈앞에 나타난 거예요. 시우는 낮에 책에서 강치에 대해 읽었기 때문에 바로 알아봤어요. 강치가 한쪽 발을 내밀면서 인사를 건네자 시우는 얼떨결에 강치와 악수했어요.

"안녕? 반가워, 나는 독도 강치야."

"어 강치야 반가워. 책에서 봤어. 독도에 살다가 일본 어부들 때문에 멸종되었다며…"

"맞아. 그래서 부탁하러 온 거야. 억울하게 죽어간 우리 강치들을 꼭 기억해달라고."

"물론이지."

"한 가지 더 있어. 지금 독도에 사는 생물들은 절대 그런 일을 겪지 않도록 잘 지켜줘."

"걱정하지 마. 꼭 지켜줄게."

"응 그 말을 믿을게. 고마워. 다음에 또 보자!"

강치는 그런 말을 남기고 뿅 사라졌어요. 잠에서 깨어난 시우는 꿈이 너무나 생생하게 기억났어요. 마치 실제로 일어난 일 같았어요. 무엇보다도 지금 독도에 사는 생물들은 그런 일을 겪지 않도록 지켜달라던 강치의 말이 마음에 깊이 남았어요.

강치에게 약속은 했지만, 시우는 슬그머니 걱정됐어요. 일본이 독도를 자기네 땅이라고 우기고 있으니 말이에요. 만약에, 아주 만약에 독도를 일본에 뺏기기라도 하면 독도의 생물들은 또 강치처럼 모조리 죽게 되는 게 아닌가 싶었어요. 걱정스럽기도 하고 불안하기도 하고 약속에 대한 책임감도 느껴져서 시우는 독도에 빨리 가고 싶었어요.

독도는 언제부터 우리 땅이었을까?

독도는 울릉도와 함께 우산국에 뿌리를 두고 있어요. 우산국 사람들은 울릉도와 독도, 그 주변 바다를 터전으로 살아가고 있었어요. 우산국이 언제부터 있었는지는 확실하지 않지만, 『삼국사기』, 『삼국유사』, 『고려사』 등의 옛날 문헌에 우산국과 관련된 기록이 전해지고 있어요.

『삼국사기』를 보면 삼국시대(6세기)에 우산국이 신라의 영토가 되었음을 알 수 있어요. 시간이 한참 흘러 조선시대 세종대왕의 업적이 담긴 『세종실록지리지』에 독도와 울릉도에 대한 기록이 다

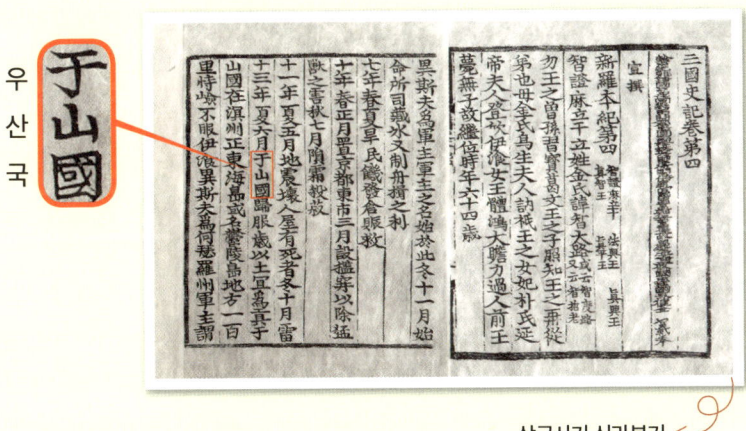

우산국

삼국사기 신라본기

시 등장해요.

"우산과 무릉 두 섬은 울진현의 정동 쪽 바다 가운데에 있다. 두 섬의 거리가 멀지 않아 날씨가 맑으면 가히 바라볼 수 있다."

여기서 '우산'은 독도, '무릉'은 울릉도를 말해요. 날이 맑을 때는 두 섬에서 서로 보인다는 것이 그때에도 기록되어 있어요. 지금은 울릉도와 독도가 경상북도 울릉군에 속해 있지만 조선시대에는 강원도 울진현에 속해 있었어요.

독도와 울릉도는 이렇듯 오래전부터 우리나라의 영토였고, 문서에 엄연히 기록되어 있답니다.

독도라는 이름은 언제 어떻게 붙여졌을까?

독도는 지금까지 이름이 여러 번 바뀌었어요. 삼국시대에 우산국이 신라에 속하게 되면서 독도는 우산도, 울릉도는 우산국으로 불렸어요. 그 후 조선시대『세종실록지리지』에서는 독도를 우산도(于山島), 울릉도를 무릉도로 기록하고 있어요. 그 후『성종실록』

에 '세 개의 큰 봉우리를 가진 섬'이라 해서 삼봉도(三峰島)라고 기록한 내용이 있어요.

　정조 때는 당시 독도에 많이 살던 강치의 옛 이름인 '가지어'를 붙여 가지도(可支島)라고 불렀어요. 고종 때인 1900년의 대한제국 칙령 제41호에는 '돌로 된 섬'이라고 하여 '돌섬'의 한자식 표기인 석도(石島)로 기록되어 있어요. 그러다 1906년 울도군수 심흥택이 쓴 문서에 독도(獨島)라는 표현이 처음 나와요.

　'돌섬'인 석도(石島)가 몇 년 만에 독도(獨島)가 된 까닭이 궁금하죠? 당시 울릉도에는 전라남도에서 이주해 온 사람들이 많았어요. 이들은 사투리를 썼기 때문에 '돌'을 '독'으로 발음하여 '돌섬'을 '독섬'이라고 불렀어요. 이 '독섬'을 한자로 쓰면서 '홀로 독(獨)'을 써서 독도로 표기한 것으로 보여요.

독도를 노리는 일본의 검은 속내

　현재 일본은 독도를 '다케시마(죽도 竹島)'라고 부르며 2월 22일을 '다케시마(죽도)의 날'로 정하고 매년 기념행사를 열고 있어요. 왜 일본은 자기네와 상관없는 우리 땅에 마음대로 이름을 붙이고, 기념일을 정하고, 행사를 여는 걸까요? 왜 일본은 끊임없이 우리 땅 독도에 눈독을 들이는 걸까요?

　일본은 19세기 후반부터 아시아의 여러 나라를 침략했어요. 20세기 들어 우리나라도 일본의 식민 지배로 고통을 겪었어요.

전쟁광이나 다름없던 일본은 독도가 전략적으로 중요한 위치에 있다는 것을 알았어요. 1905년 일본 정부는 마음대로 독도를 '다케시마'라 이름 붙이고 시마네현에 속하는 것으로 정했어요(2월 22일).

1945년 일본이 전쟁에서 지고 우리가 일제 치하에서 벗어나 독립하게 되었을 때, 일본은 종전 협상(샌프란시스코 평화회의)에서

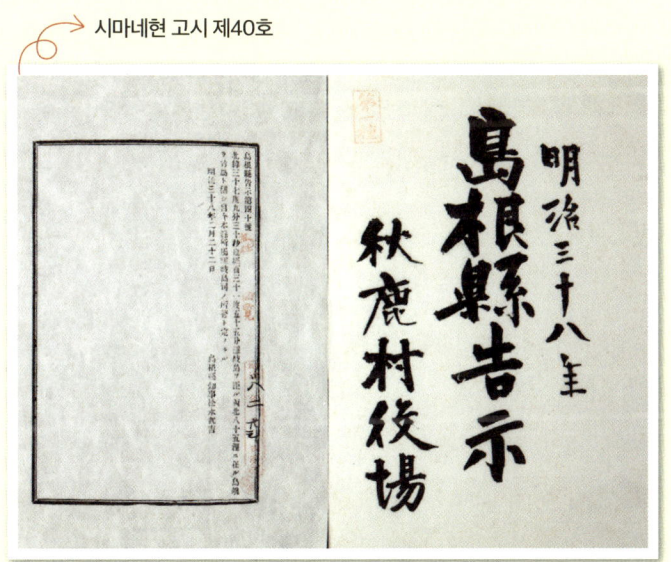

시마네현 고시 제40호

독도를 자기네 땅이라고 주장했지만 받아들여지지 않았어요. 그 뒤로 한동안 독도 이야기를 꺼내지 않다가, 1980년대 들어 역사 교과서에서 한국 식민 지배를 정당화하더니 독도와 동해를 자기네 것인 양 주장하기 시작했어요.

지난 2005년 3월 16일 시마네현 의회는 우리 정부의 반대에도 아랑곳하지 않고 2월 22일을 '다케시마의 날'로 정하는 조례를 만들었어요. 우리 정부는 이에 맞서 다음날인 3월 17일 일반인의 독도 방문을 전면 허용했지요. 일본은 2021년 열린 도쿄올림픽에서 독도를 자기네 영토로 표기하여 우리 국민의 분노를 자아내기도 했어요. 이처럼 일본은 지금까지도 억지 주장을 굽히지 않고 독도를 호시탐탐 노리고 있답니다.

2장

꼭 알아야 하는 곳

 오늘은 해가 서쪽에서 뜨는 날인가 봐요. 아침마다 부모님이 깨워줘야 겨우 일어나는 시우가 혼자 벌떡 일어났거든요. 게다가 일어나자마자 부지런히 세수도 했어요. 대체 무슨 일이냐고요? 오늘이 바로 독도 가는 날이거든요!
 "독도 가는 날이라 그런가? 우리 시우가 웬일로 혼자 일어났네? 하하."
 "설렌다고 어제 밤늦게까지 잠도 안 자더니. 이따 배에서 자겠네. 호호."

"아냐 아냐, 안 잘 거야. 절대 안 잘 거야."

부모님은 배에서 멀미하면 먹으라고 멀미약을 챙겨주셨어요. 시우는 부모님께 잘 다녀오겠다고 인사하고 삼촌과 출발했어요. 삼촌은 독도까지 가는 길이 호락호락하지 않다면서 마음 단단히 먹으라고 했어요.

그러면 독도가 정확히 어디 있는지 알아볼까요? 독도는 우리

나라 동쪽 맨 끝에 있어요. 독도는 울릉도에 딸린 섬이라 울릉도와 가까워요. 날씨가 맑을 때는 울릉도에서 독도가 보이죠. 두 섬은 얼마나 가까울까요? 독도에서 울릉도까지의 거리는 87킬로미터예요. 반면에 독도에서 가장 가까운 일본 오키섬까지의 거리는 157킬로미터예요. 독도를 기준으로 했을 때 오키섬보다 울릉도가 70킬로미터나 가까이 있는 거예요.

당연히 주소도 있어요. 독도는 행정구역상 경상북도 울릉군

울릉읍에 속해 있어요. 동도에 있는 독도경비대의 주소는 '울릉읍 독도이사부길 55', 등대의 주소는 '울릉읍 독도이사부길 63', 서도에 있는 숙소는 '울릉읍 독도안용복길 3'이에요. 독도 주소에 들어가는 '이사부'와 '안용복'이라는 이름은 독도의 역사에서 큰 의미가 있는 사람들의 이름이에요. 이들이 어떤 사람들인지는 시우의 독도 여행을 따라가다 보면 자세히 알게 돼요.

우리나라에서는 주소만으로도 어디인지 찾을 수 있지만 지구 전체로 보면 경도와 위도를 알아야 해요. 지구에 있는 국가나 지역은 어디든 경도와 위도로 표시될 수 있지요. 지구상의 위치를 나타내기 위해 상상으로 잘게 그어놓은 세로선이 경도이고, 가로선이 위도예요. 독도의 경도는 동경 131도 52분, 위도는 북위 37도 14분이랍니다.

독도에 가려면 일단 울릉도까지 가야 해요. 독도까지 바로 가는 배가 없어서 울릉도에서 배를 타고 들어가야 하거든요. 시우와 삼촌은 울릉도 가는 배를 타기 위해 경북 포항으로 갔어요. 꼭 포항이 아니더라도 경북 울진(후포), 강원도 강릉과 동해(묵호)에서도 울릉도 가는 배를 탈 수 있어요.

가는 길에 시우는 꿈에 강치와 약속한 것이 생각나서 삼촌에게 물어봤어요.

"삼촌, 일본 사람들은 왜 독도 강치를 다 죽인 거야?"

"와, 시우가 강치에 대해서도 공부하고 왔구나! 강치…. 정말 가슴 아픈 일이지. 일본 어부들이 강치의 가죽과 지방, 고기를 노리고 그런 거야. 일본이 독도를 마음대로 자기네 땅으로 만들어버리고 닥치는 대로 사냥해서 멸종되어 버렸지."

"어휴 일본 진짜 나쁘네. 우리 독도도 빼앗고, 강치도 막 죽이고."

그렇습니다. 독도에는 옛날부터 강치라고 불리는 바다사자 수만 마리가 무리 지어 살았어요. 강치는 독도의 상징이나 마찬가지였습니다. 그런데 지난 세기, 일본 정부는 독도를 불법적으로 자기네 땅으로 만들고는 일본 어부들의 강치 사냥을 허락했습니다. 일본 어부들은 강치를 잡아 큰돈을 벌겠다는 욕심에 마구잡이로 사냥했고, 그 결과 독도의 강치는 점차 사라졌습니다. 우리는 강치가 멸종된 역사를 통해 독도의 아픈 역사를 살펴볼 수 있습니다.

"그런 일 다시 안 당하려면 정신 바짝 차려야 해. 지금 우리가 독도에 가는 것도 독도를 지키는 행동인 거야. 독도는 엄연히 우리 땅인데, 독도가 멀리 있다고 해서 가 보지도 않고 내버려두면 일본이 그 틈을 노릴 수도 있잖아."

"정말 그러네. 빨리 가자, 삼촌!"

"하하. 곧 배 타니까 조금만 기다려. 무엇보다도 날씨가 받쳐줘야 할 텐데…. 그래도 시우야, 너무 걱정하지 마. 씩씩한 독도경비대원들이 독도를 잘 지켜주고 계시니까."

"아 맞아, 독도경비대! 책에서 봤다!"

독도를 지키는 독도경비대는 1996년에 만들어졌어요. 30명 정도의 인원이 50일씩 교대로 경비 임무를 맡고 있어요. 혹시라도 무슨 일이 생겼을 때 바로 근처의 해경, 해군, 공군과 연락해서 대응할 수 있도록 첨단 통신시설과 과학 장비를 갖추고 24시간 독도를 지키고 있지요. 독도의 생활 여건이 좋은 편이 아니고 가파른 곳도 많다 보니 지금까지 안전사고 등으로 목숨을 잃은 대원이 여섯 명이나 됩니다. 험한 환경과 외로움을 견

디며 목숨 걸고 독도를 지키는 독도경비대원들, 정말 고마운 분들이지요? 아 참, 독도경비대원들은 군인이 아니고 모두 경찰(경상북도경찰청)이랍니다.

경비대원

시우와 삼촌은 울릉도 가는 배를 타는 항구로 갔어요. 만약을 대비해서 미리 멀미약도 먹었어요. 시우는 설레는 마음으로 배에 올랐어요. 출발 시간이 되자 큰 배가 서서히 움직이기 시작했어요. 시우는 물살을 가르며 앞으로 나아가는 배가 신기했어요. 달리는 배의 속도감이 어마어마했지요.

시우는 삼촌과 나란히 서서 바다를 바라보았어요. 푸른 바다를 배경으로 멋진 셀카도 찍었어요. 그런데 사진을 더 찍으려다 하마터면 넘어질 뻔했지 뭐예요? 시우는 안 넘어지려고 중심을 잡느라 허우적거리다 옆사람 옷을 붙잡았어요. 옷자락을 붙들린 사람이 무슨 일인가 싶어 시우 쪽을 돌아봤어요.

눈이 마주친 사람은 시우 또래의 여자아이였어요. 안 넘어지려고 팔을 허우적거리던 시우는 너무 창피해서 얼굴이 빨개졌어요. 그래도 미안하다고 사과부터 해야겠다 싶었지요.

"아, 미안!"

"괜찮아!"

아이는 웃는 얼굴로 괜찮다며 말하고 가족들과 다른 곳으로 갔어요.

시우는 자판기 앞에서 음료수를 고르다 그 아이와 또 마주쳤어요. 둘은 서로 환하게 웃으며 인사를 했습니다.

"아깐 정말 고마웠어. 내가 사줄게. 뭐 마실래?"

둘은 음료수를 마시며 이야기를 나눴어요.

"너도 독도 가는 거니?"

"응, 삼촌이 드론으로 독도 찍는다고 해서 따라왔어."

"드론? 재밌겠다! 나는 엄마랑 이모랑 왔어. 엄마가 독도에 가보자고 해서서. 한국인이면 독도에 한번은 가봐야 하지 않느냐고…"

그때 하늘을 나는 새들이 보였어요. 새들은 무리를 지어 배를 따라오는 것 같았어요. 옆에서 어른들이 새들을 보며 '괭이갈매기'라고 말하는 소리가 들렸어요.

"저게 괭이갈매기인가 봐!"

"괭이갈매기는 독도에 많다던데, 울릉도에도 많은가 보네."

 괭이갈매기는 독도에도 많고 울릉도에도 많습니다. 철새들의 쉼터로 유명한 울릉도에서는 수만 마리의 괭이갈매기를 볼 수 있어요. 괭이갈매기는 독도에도 매년 봄이면 수천 마리가 찾아와 둥지를 틀고 알을 낳아요. 괭이갈매기뿐만 아니라 바다제비, 슴새 등도 독도에서 알을 낳아 기른답니다. 괭이갈매기라는 이름은 울음소리가 고양이와 비슷하다고 해서 붙여졌어요.

괭이갈매기

괭이갈매기는 물고기를 잡아 먹고 살아요. 먹이를 찾느라 고기 많은 곳을 떼 지어 날아다니기 때문에 역시 고기 많은 곳을 찾는 어민들에게 큰 도움이 되지요.

"너, 독도에 대해 잘 아나 보다. 그럼 내가 퀴즈 내 볼게. 맞혀 봐."
"퀴즈? 좋아."
수빈이가 퀴즈를 냈어요.
"멸종된 동물인데 독도를 상징하는 동물은?"

"강치!"

"오, 정답! 그럼 독도를 우리 땅으로 만든 신라 장군은 누구게?"

"이사부!"

"와, 정답! 그럼 하나만 더. 독도의 날이 언제인 줄 알아?"

"음… 10월… 25일!"

"와, 대단하다! 다 맞혔어!"

"헤헤. 삼촌이 독도에 대해 미리 공부해야 데려간다고 해서 좀 찾아봤지. 그런데 퀴즈를 척척 내는 너도 만만치 않은데?"

"독도에 가는데, 이 정도는 기본이지!"

시우와 수빈이는 독도에 대한 이야기를 나누며 더 친해졌어요. 그런데 '독도의 날'은 언제, 어떻게 만들어졌을까요?

10월 25일은 1900년 고종황제가 대한제국 칙령 제41호에서 독도를 우리나라가 통치하는 곳으로 분명하게 밝힌 날이에요(1900년 당시에는 우리나라 이름이 대한민국이 아니라 대한제국이었어요). 그로부터 100년이 흐른 2000년에 '독도수호대'

라는 시민단체가 만들어졌고, 고종황제가 칙령 제41조를 제정한 것을 기념하여 10월 25일을 '독도의 날'로 정한 거랍니다.

하지만 국가 차원에서 기념하는 법정기념일이 아니다 보니 '독도의 날'이 있다는 것을 모르는 사람들도 있어요. '독도의 날'이 어서 국가기념일로 지정될 수 있도록 함께 힘을 모아야 해요. 국가기념일이 되면 전국적으로 기념식을 할 수 있고, 독도 관련 주간을 정해서 다양한 기념행사도 할 수 있어요. 무엇보다도 국가가 공식적으로 기념하는 날이기에 독도가 우리 고유 영토라는 사실을 국내외에 알리는 효과도 있습니다.

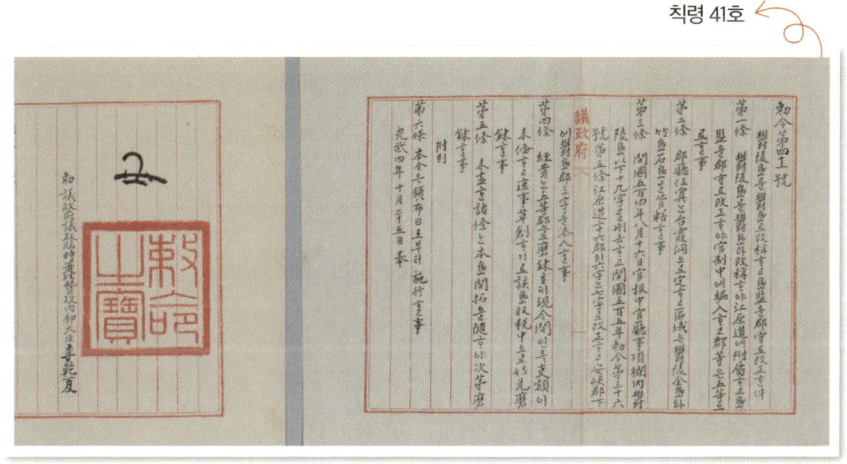

칙령 41호

지식 한 걸음

일본에 의해 멸종된 독도의 상징, 독도 강치

19세기까지만 해도 독도는 강치들의 섬이나 마찬가지였어요. 독도에 강치의 옛 이름인 '가지어'를 붙여 '가지도'라고 불렀을 만큼 강치가 많았어요. 하지만 독도 강치는 19세기 말~20세기 초에 그 수가 급격히 줄어들었습니다. 일본 어부들이 닥치는 대로 잡아들였기 때문입니다. 강치의 가죽과 지방, 고기를 찾는 사람이 많았거든요. 가죽으로는 옷이나 가방을 만들고, 고기로는 비료를 만들었습니다. 지방은 말 그대로 기름으로 사용했습니다. 몸집이 작은 새끼는 서커스단에 팔아버렸고요.

강치는 1970년대에 독도에서 완전히 자취를 감추었고, 이후 멸종된 것으로 파악되고 있습니다. 그런데도 일본은 자기네가 1905년 이전부터 독도에서 강치를 잡았다며 오히려 이 사실을 독도 영유권 주장의 근거로 삼고 있습니다. 독도와 가까운 시마네현 오키섬은 일제강점기에 강치 사냥으로 악명을 떨치던 곳이에요. 지금도 오키섬에는 강치의 가죽을 벗겨 만든 박제와 가죽으로 만든 가방, 어금니로 만든 반지 등이 전시되어 있습니다.

독도를 알리고 지켜온 이들

　온 국민이 독도를 사랑하고 아끼는 가운데 독도 알림이 활동에 앞장서 온 이들이 있어요. 그중 2000년 3월 1일 만들어진 독도수호대는 '독도의 날'이 제정되는 데 큰 역할을 했어요. 독도수호대는 대한제국 칙령 제정일인 10월 25일을 '독도의 날'로 정하기 위해 국회 청원과 천만 명 서명운동을 전개했어요. 2004년에는 독도 유일의 식수원인 물골의 수질을 검사하여 수질관리가 이루어지도록 했어요. 또한 독도와 동해를 전 세계에 제대로 알리기 위해 외국어 자료집을 만들어 배포하고 탐방 행사와 강연회·전시회를 여는 등 다양한 활동을 벌이고 있어요.

　1999년 설립된 사이버 외교 사절단 반크(VANK)도 빼놓을 수 없어요. 반크는 인터넷상에서 우리나라를 제대로 알리고자 만들어진 단체예요. 특히 외국인들에게 잘못 알려진 사실을 바로잡고 일본·중국의 역사 왜곡과 영유권 주장에 대응하는 데 힘을 쏟고 있어요. 지금도 독도가 우리 땅이라는 증거들을 제시하며 독도와 우리나라를 바로 알리는 데 애쓰고 있지요.

2006년 설립된 동북아역사재단은 교육부에 소속된 기관이에요. 정부가 일본·중국 등 주변국들의 역사 왜곡과 영유권 주장에 대응하고자 만들었어요. 독도·동해와 관련된 정책 개발, 학술연구, 자료 수집, 홍보 등을 하고 있어요.

3장
어렵게 지켜온 곳

곧 울릉도에 도착한다는 안내 방송이 흘러나왔어요.

"울릉도에 다 왔대. 우리 이제 내려야 해. 수빈아, 잘 가!"

"그래 너도 잘 가, 시우야! 근데 우리 어쩌면 독도에서 만날지도 몰라."

"그런가? 헤헤. 만나면 아는 체하기!"

"물론이지!"

배에서 내리면서 시우와 수빈이는 인사를 나누었어요. 어른들도 서로를 향해 고개를 숙이며 가볍게 인사했어요.
　시우는 삼촌을 따라 걷기 시작했어요. 삼촌은 경치가 너무 멋있다고 계속 감탄했어요. 시우가 보기에도 울릉도의 풍경은 뭔가 달랐어요. 도시에서 자란 시우는 산과 바다, 계곡에는 가본 적 있지만 섬은 처음 와본 거예요.
　해안산책로를 걷다 보니 바다가 코앞에 있어서 울릉도가 바다에 떠 있는 섬이라는 것이 실감 났어요. 손을 뻗으면 닿을 것 같은 투명한 바다와 옹기종기 앉아 있는 괭이갈매기들이 정말 신기했어요. 울릉도에는 독도와 관련된 볼거리도 여기저기 많아요. 시우와 삼촌은 먼저 독도와 관련된 장소들을 돌아보기로 했어요.

"시우야, 독도에 대해 전체적으로 보여주는 독도박물관을 먼저 가자. 그다음에는 케이블카를 타고 독도전망대에 올라가는 거야."

"케이블카도 타?"

"그럼! 맑은 날에는 전망대에서 독도가 보인다는데, 오늘은 어쩔지 모르겠네. 일단 가보자. 울릉도는 경사길이 많으니까 다리에 힘 딱 주고! 자, 출발!"

"응!"

시우는 삼촌과 함께 독도박물관을 둘러봤어요. 박물관에는 독도와 관련된 다양한 자료들이 전시되어 있어요. 독도박물관은 1997년에 세워진, 우리나라의 유일한 영토박물관이랍니다. 독도와 울릉도가 신라시대부터 우리나라 영토였다는 것을 나타내는 문서와 지도 등을 볼 수 있어요. 그중에는 일본의 자료

독도박물관

들도 많아요. 또한 강치와 관련된 영상, 독도 최초 주민 최종덕 씨에 관한 영상, 제주 해녀들이 독도와 울릉도에서 물질한 것을 보여주는 영상 등 영상자료도 다양해요.

시우는 삼촌과 함께 박물관을 구경하다 다리가 아파 잠시 쉬었어요. 그런데 글쎄, 관람객 중에서 수빈이를 발견했지 뭐예요? 수빈이네도 독도박물관부터 보기로 했나 봐요.

"어, 수빈아!"

"어? 시우야!"

시우와 수빈이는 박물관에서 다시 만난 것이 신기했어요. 시우 삼촌, 수빈의 엄마와 이모 등 어른들도 서로 미소 지으며 반가워했어요. 시우와 수빈이는 부쩍 친해져서 박물관 이곳저곳을 같이 돌아다녔어요.

시우네와 수빈이네는 내친김에 독도전망대도 같이 가기로 했어요. 독도전망대까지 가는 케이블카가 바로 박물관 옆에 있거든요.

케이블카를 타고 5분 정도 올라가자 전망대가 나타났어요. 전망대에 서니 눈앞이 확 트이는 느낌이었어요. 날씨가 맑은 날에는 87.4킬로미터 떨어진 독도를 볼 수 있다는데, 오늘은 수평선 쪽이 흐려서 독도가 안 보였어요. 그래도 전망대에 있는 독도 모형을 본 것으로 만족하기로 했어요.

독도에서 본 울릉도

울등도에서 본 독도

"삼촌, 이제 어디 가?"

"음… 글쎄… 근데 시우, 다리 안 아파?"

"좀 아프긴 한데, 괜찮아. 근데 나 배고파, 삼촌."

"그럼 일단 뭘 좀 먹고 나서 안용복기념관에 가볼까?"

"안용복? 나, 누군지 알아! 책에서 봤어."

"오호, 우리 시우, 짱이네! 그거 봐, 독도 공부 미리 하고 온 보람이 있지?"

독도 주소에 들어가는 '이사부'와 '안용복'이라는 이름이 독도 역사에서 큰 의미가 있는 사람들이라고 했던 것을 기억하나요? 안용복은 독도 역사를 이야기할 때 빼놓을 수 없는 사람이에요. 독도가 우리 땅임을 일본 현지에서 일본 사람들에게 명명백백하게 밝히고 문서로 확인받아 왔거든요. 안용복기념관은 그의 이러한 용감하고 의로운 행동을 기리기 위해 세워진 곳이에요.

"수빈아, 우린 안용복기념관 갈 건데, 넌 어디로 갈 거야?"

"아직 모르겠어. 근데, 이모가 그러는데 안용복기념관이 여기서 좀 멀대. 그래도 거기 가면 독도의용수비대기념관이 근처에 있어서 두 곳을 다 보고 오면 된대."

"그럼 우리랑 같이 가자!"

수빈이네도 시우네와 함께하기로 하고, 시간을 정해서 안용복기념관에서 만나기로 했어요.

안용복기념관에 가보니 안용복의 업적과 독도가 우리 땅임을 보여주는 자료들이 전시되어 있었어요. 무엇보다 먼저 시우와 수빈이의 눈에 들어온 것은 안용복이 일본 갈 때 타고 갔을 것으로 짐작되는 배(도일선)를 그대로 만들어 놓은 거였어요. 기념관 마당에 전시되어 있는데, 배가 놓인 위치도 독도 방향이라고 해요.

시우네와 수빈이네는 안용복기념관 근처에 있는 독도의용수비대기념관도 둘러봤어요. 독도의용수비대기념관은 수비대원들의 독도 사랑을 기려 동도와 서도를 본뜬 모습으로 만들어져 있어요.

안용복 기념관

독도의용수비대도 독도를 말할 때 빼놓을 수 없는 사람들이랍니다. 독도의용수비대는 6·25전쟁으로 혼란스럽던 1953년, 직접 독도에 들어가 살면서 독도를 지킨 이들이에요.

그때는 전쟁으로 우리 정부가 독도에 신경 쓸 여유가 없었어요. 일본은 이때를 틈타 독도에 수시로 순시선을 보내 우리 어민들의 고기잡이를 방해하고 위협했어요. 게다가 독도가 일본 땅이라는 팻말까지 곳곳에 설치했어요. 그러자 홍순칠을 비롯한 울릉도 주민 33명이 자발적으로 수비대를 만들어 독도 지키기에 나선 거예요.

이들은 1953년 4월 20일부터 1956년 12월 30일 경찰에 독도 수호 업무를 넘길 때까지 거의 4년 동안 독도를 온몸으로 지켰어요. 이들의 활약은 대단했어요. 일본의 침략을 몇 번이고 막아내며 우리 어민들의 고기잡이를 보호하고 일본이 세운 팻말들을 뽑아냈어요. 그리고 암벽에 '한국의 영토'라는 뜻의 글자 '韓國領(한국령)'을 크고 뚜렷하게 새겨넣었어요. 또 물골을 발견해 식수원으로 개발하고, 등대와 계단을 설치했어요. 이렇게 국가 혼란기에 독도의용수비대의 헌신적인 노력이 있었기에 독도가 무사할 수 있었답니다.

시우와 수빈이는 당시 대원들의 열악한 생활환경과 용감한 활약상이 담긴 자료들을 보며 고마운 마음이 들었어요.

"시우야, 독도의용수비대원들 진짜 힘드셨겠다. 그치?"

"맞아. 춥고, 배고프고, 막 그러셨을 거 아냐."

한국령

"그것도 그렇고, 독도를 지키다 돌아가실 수도 있는데 끝까지 싸우셨잖아."

"맞아. 진짜 용감한 분들이야."

시우와 수빈이는 독도의 역사를 하나씩 알아갈수록 아슬아슬한 순간들이 정말 많았구나 싶어서 가슴을 쓸어내렸어요.

시우네와 수빈이네는 독도의용수비대기념관 구경을 마친 후 아쉬운 마음을 뒤로하고 헤어졌어요. 독도행 배 타는 날짜가 서로 달라서 앞으로의 일정이 다르거든요. 시우와 수빈이는 서로 전화번호를 교환하며 인사를 나눴어요.
"수빈아, 잘 가~."
"시우야, 너도 잘 가~."

독도박물관 건립의 기틀을 세운 학자 이종학

　이종학(1927~2002년) 씨는 평생 모은 독도 자료를 기증해 독도박물관의 바탕을 마련한 사람이에요. 박물관 제1대 관장을 지냈어요. 그는 책을 연구하는 서지학자로서 고서점(오래된 책을 파는 서점)을 운영하기도 했어요. 특히 일제강점기 역사와 독도 문제에 관심이 높아 일본을 드나들며 자료를 수집했어요. 독도가 옛날부터 우리 땅이었음을 보여주는 일본의 지도와 문서들을 찾아냈고,

심흥택과 시마네현 사람들(독도박물관 소장)

아무리 비싸도 사들였지요. 독도가 자기네 땅이라고 우기는 일본 시마네현청 공무원들에게 논리와 자료로 반박하여 결국 그들 스스로 독도가 우리 땅임을 인정하게 한 적도 있답니다.

독도박물관 내에는 울릉군민이 그의 공을 기려 세운 송덕비가 있어요. 송덕비는 그가 평생 좌우명으로 삼아온 "한 줌 재 되어도 우리 땅 독도 지킬 터"라는 문구로 시작돼요. 그는 생전에, 일본이 또 한국을 넘본다면 그 시작은 독도가 될 거라고 했답니다.

용감한 독도 의인 안용복

안용복은 조선 숙종 때의 어부였어요. 그의 고향 동래(지금의 부산)에는 일본과의 무역·외교를 담당하는 관청(왜관)이 있었어요. 덕분에 안용복은 일본말을 잘했어요. 그는 17세기 말 울릉도 근처에서 고기를 잡다 일본 어부들을 만났어요. 고기잡이를 둘러싸고 다툼이 벌어져 일본까지 끌려간 그는 호키주(지금의 시마네현) 관아에 갇히고 말았어요. 그는 겁먹지 않고, 잘못한 것이 없으니 빨리 풀어달라고 외쳤어요. 일본 정부는 안용복을 돌려보내면서 울릉도가 일본 땅이 아니라는 편지를 써주라고 호키주 관리들에게 지시했어요. 하지만 안용복은 돌아오다 그 편지를 잃어버렸고, 허락 없이 국경을 넘었다는 죄로 곤장까지 맞았지요.

그는 3년 후 울릉도에서 일본 어부들을 또 만났어요. 잔뜩 화가 난 그는 스스로 그들의 배에 올라, 같이 일본에 갔어요. 그는 일본 어부들이 우리 바다에서 고기잡이하는 것을 거세게 항의했어요. 일본 정부는 잘못을 인정하며 사과하고, 다시는 못 하게 하겠다고 약속했어요. 울릉도와 독도가 우리 땅임을 일본이 확인한 문서 '돗

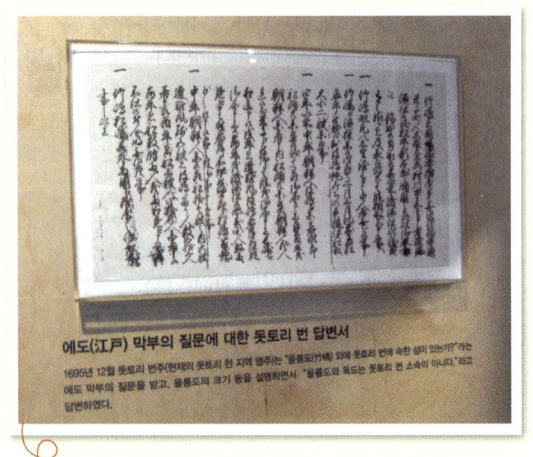

돗토리현 답변서

토리현 답변서'가 만들어진 배경이에요.

  하지만 이런 공로를 세우고 돌아온 그는 오히려 분수에 안 맞게 나랏일에 참견한다며 사형을 당할 뻔했어요. 다행히 나라를 위한 행동이었음이 고려되어 목숨은 건졌어요. 그는 생명이 위태로울 수 있는 상황에서도 일본에 당당하게 주장하고 항의했어요. 이는 일본이 울릉도와 독도가 우리 땅임을 확인하고 일본인들의 고기잡이를 단속하는 계기가 되었답니다.

독도와 울릉도를 우리 땅으로 만든 신라 장군 이사부

  우산국은 울릉도, 독도와 그 주변 바다를 무대로 활동하던 해상 세력이었어요. 512년 신라 22대 왕인 지증왕은 이사부 장군에게 우산국을 정벌하라고 명을 내렸어요.

  신라는 고구려에 맞서 동해안 쪽으로 진출하고자 했어요. 우산국은 작은 섬나라였지만 쉽게 점령하기 어려웠어요. 뛰어난 지략으로 유명했던 이사부는 나무를 깎아 만든 사자로 우산국 사람들을 놀라게 하여 항복을 받아냈어요. 이로써 우산국은 신라의 영토가 되었어요. 이사부 장군은 우산국 외에도 가야를 정벌하는 등 무공을 세워 신라 전반기에 영토를 넓힌 명장으로 꼽히고 있어요.

4장
하늘이 도와줘야 갈 수 있는 곳

 삼촌은 울릉도에서 영상을 촬영하러 나섰어요. 시우는 삼촌이 촬영 준비하는 것을 구경했어요.
 "삼촌, 우리 내일 독도 가는 거 맞지?"
 "엉. 배를 예매해놓긴 했는데, 실제로 갈 수 있을지 없을지는 아직 몰라. 이따 문자가 와 봐야 알아. 3대가 덕을 쌓아야 독도 가는 배를 탈 수 있고, 5대가 덕을 쌓아야 독도에 들어갈 수 있다고 하더라."

"엥? 그게 무슨 말이야?"

"독도에 가는 건, 가고 싶다고 해서 갈 수 있는 게 아니고 하늘이 도와줘야 된다는 거지. 그만큼 날씨가 중요하다는 말이야."

사실 울릉도는 중간에 거쳐 가는 곳이고 진짜 목적지는 독도인데, 독도에 갈 수 있으려면 무엇보다 날씨가 좋아야 해요. 날씨 때문에 아예 배가 못 뜨기도 하고, 독도까지 가서도 배에서 못 내리고 독도 주위만 둘러보고 오는 경우도 많아요. 그래서 독도에 들어갈 수 있는 날이 1년에 60일 정도밖에 안 된답니다. 특히 겨울에는 파도가 높고 바람이 강해서 배가 독도에 들어가기 어려워요. 바람이 불 때는 그저 바람이 잔잔해지기를 기다리는 수밖에 없어요.

독도에 바람이 많이 부는 것은 기후 때문이에요. 독도와 울릉도는 난류의 영향을 많이 받는 해양성 기후에 속해요. 그래서 눈비가 자주 내리고 흐린 날이 많아요. 안개도 자주 끼지요. 게다가 늘 바람이 세게 불어요. 특히 겨울에는 눈도 많이 내리고 거센 파도와 바람이 수십일씩 몰아치곤 하죠.

독도의 겨울

 삼촌 말을 들으니 시우는 여기까지 와서 독도에 못 가보고 허탕을 치면 어떡하나 걱정되었어요. 친구들한테 잔뜩 자랑하고 왔거든요.

 "삼촌, 그럼 어떡해? 친구들한테 독도 간다고 말하고 왔는데…."

 "하하. 마음을 비우고 기다리자."

 "쳇!"

 시우는 시무룩해졌어요. 삼촌만 따라가면 독도에 갈 수 있는 줄 알았는데, 삼촌 말만 믿고 독도에 대해 공부하고 왔는데…. 살짝 억울한 마음이 들기도 했어요.

 "오늘 이 정도 날씨면 내일 배가 뜰 수 있을 것 같긴 한데….

그래도 혹시 이번에 못 가면 다음에 꼭 다시 데리고 올게."
"진짜? 약속!"
시우와 삼촌은 손가락을 걸고 약속했어요.

"시우야, 독도가 울릉도에 딸린 섬인 건 알지?"
"응."

"그런데 독도가 울릉도보다 먼저 생긴 거 알아?"
"진짜?"

울릉도가 독도보다 크지만, 나이로 따지면 울릉도가 동생이랍니다. 독도는 울릉도보다 약 200만 년이나 먼저 만들어졌어요.

독도와 울릉도는 바닷속 2,000미터 깊이에서 화산이 폭발하며 생겨난 용암이 굳어져 만들어진 화산섬이에요. 이렇게 화산활동으로 만들어진 독도는 지질학적 가치가 높아요. 또 희귀한 식물과 바다생물이 다양하게 살고 있는 생태계의 보고랍니다. 게다가 동해 한가운데 있어서 바닷새들도 쉬어가고 계절 따라 이동하는 철새들도 쉬어가죠. 정부는 이러한 자연환경과 생태계를 보존하기 위해 독도를 1999년 12월 '천연기념물 제336호 독도 천연보호구역'으로 지정해서 보호하고 있어요.

시우는 삼촌이 드론 촬영하는 것을 구경했어요. 드론은 사람이 갈 수 없는 곳도 자유롭게 날아다녀요. 위에서 아래로,

아래에서 위로, 다시 양옆으로, 한 마리 새처럼 자유롭게 날아다니죠. 삼촌이 조종기를 만지는 손놀림에 따라 드론이 이리저리 움직였어요. 시우는 드론에 달린 카메라가 어떤 영상을 담아낼지 궁금했어요.

　드론이 착륙하자 시우는 삼촌과 영상을 확인했어요. 마치 하늘을 나는 새가 아래를 내려다보는 것 같은 느낌이에요. 영상에는 울릉도 곳곳의 아름다운 모습이 담겨 있었어요. 바다에 떠 있는 섬이 외로워 보이기도 하지만 바다와 어우러져 근사해 보였어요.

"시우야, 동해는 정말 멋있지 않냐? 저 짙푸른 색깔 하며, 넘실대는 파도 하며, 쭉 뻗은 수평선 하며…. 마치 우리 민족의 힘찬 정신을 보는 것 같지 않냐? 확실히 우리 바다라 그런지 느낌이 다르네. 왠지 정이 더 가는 것 같아."

"우리 바다? 바다에도 우리 바다가 있고 남의 바다가 있어?"

"그럼! 땅에도 우리 땅이 있고 남의 땅이 있듯이 바다도 그렇고, 하늘도 그래. 바다와 하늘에도 눈에 보이지 않지만 국경이 있는 거지."

"국경?"

"응, 말 그대로 한 나라의 경계를 말하는 거야."

시우는 바다와 하늘에도 보이지 않는 국경이 있다는 게 신기했어요. 지구본이나 세계 지도책을 보면 각 대륙에 나라마다 경계선이 그어져 있는 것을 볼 수 있어요. 바로 국경선이에요. 우리나라는 동쪽, 남쪽, 서쪽은 전부 바다이고 북쪽은 휴전선으로 막혀 있어서 국경 또는 국경선이라는 것을 실감하기 어려워요. 하지만 세계 곳곳에서는 지금도 국경을 둘러싸고 갈등이 벌어지고 있어요.

국경은 결국 영토를 가르는 선이에요. 영토는 한 나라의 통치권이 미치는 영역을 말해요. 보통은 땅을 가리키지만 때로는 바다(영해)와 하늘(영공)까지 포함해서 말하기도 하죠. 그러면 영해와 영공은 어떻게 정해질까요? 영해는 대략 각 나라의 해안선부터 12해리(약 22킬로미터)까지의 바다예요. 영공은 영토와 영해 위에 있는 하늘이고요. 영토가 없다면 나라가 존재할 수 없어요. 그 나라의 국민이 살 곳이 없으니까요. 그래서 영토를 지키기 위해, 뺏기지 않기 위해 전쟁까지 불사하는 거예요.

한 가지 더! 좀 어렵게 들리겠지만 '배타적 경제수역'이라는 것에 대해서도 알아두는 게 좋아요. 배타적 경제수역은 해안선에서 200해리(약 370킬로미터)까지의 바다예요. 배타적 경제수역을 설정한 나라가 그 바다의 경제적 권리를 갖게 돼요. 우리의 배타적 경제수역에서는 우리나라만 고기잡이나 자원 탐사 같은 경제 활동을 할 수 있어요. 다른 나라 배들이 우리의 배타적 경제수역을 지나가려면 허락을 미리 받아야 해요.

그것도 경제 활동 목적이 아닐 때만 가능해요.

독도는 엄연히 우리의 영토이기 때문에 독도 주변의 12해리 영해와 200해리 배타적 경제수역에 대해 권리(영토주권)를 갖고 있어요. 그런데 일본은 자기들 마음대로 독도 주변에 영해와 배타적 경제수역을 설정해놓고, 우리의 정상적이고 합법적인 활동에 대해 항의하곤 한답니다. 정말 어처구니가 없죠? 시우는 일본이 옛날에는 우리 땅이라고 인정했던 독도를 지금 자기네 땅이라고 우기는 것을 도저히 이해할 수 없었어요.

그때 삼촌에게 문자 한 통이 왔어요. 문자를 들여다보던 삼촌 얼굴이 환해졌어요.

"내일 정상 출항한대! 배가 뜬대! 드디어 독도까지 갈 수 있어!"

"진짜? 야, 신난다!"

삼촌은 신이 난 듯 뛰어오르며 주먹을 휘둘렀어요. 시우도 신이 나서 삼촌을 따라 뛰어오르며 삼촌처럼 주먹을 휘둘렀어요. 모습은 좀 어설펐지만!

지식 한 걸음

독도는 어떻게 생겨났을까?

독도는 우리나라에서 가장 오래된 화산섬으로, 460만 년~250만 년 사이에 만들어졌어요. 나중에 생겨난 울릉도와 사이에 깊이 2,000미터나 되는 바다가 있어요. 독도는 거대한 화산 일부가 바

얼굴바위

탕건봉

군함바위와 넙덕바위

다 위로 드러나 섬이 된 거예요. 물 밑에 잠겨서 드러나지 않는 부분이 어마어마하게 크답니다.

독도는 처음에는 하나의 섬이었는데 바다의 침식 작용으로 두 개로 나뉜 거예요. 동도와 서도 사이의 거리는 151미터 정도예요. 서도는 전체적으로 위로 뾰족한 모양이고 가파른 곳이 많아

삼형제굴바위

닭바위

코끼리바위

요. 동도는 서도보다 조금 작고, 좀 더 평평해요. 동도와 서도 외에 바위섬 89개가 있는데 특유의 모양을 따라 코끼리바위, 한반도바위, 삼형제굴바위 등의 이름으로 불리고 있어요. 독도는 이러한 지질 구조와 지질 환경, 독특하고 아름다운 경관 덕분에 2012년 울릉도와 함께 국가지질공원으로 선정되었어요.

가제바위

촛대바위와 해국

부채바위, 넙덕바위

독도 주변 바다에는 에너지 자원도 엄청나요. 특히 미래 에너지원으로 주목받는 메탄 하이드레이트와 해양 심층수, 인산염 등이 해저에 묻혀 있는데, 메탄 하이드레이트의 잠재적 가치는 약 150조 원에 달해요. 전문가들은 독도를 일본에 뺏기면 독도뿐만 아니라 6만 574제곱킬로미터의 바다 영토를 뺏기는 거라고 말한답니다.

메탄 하이드레이트

악어바위

독도에는 어떤 동식물이 살고 있을까?

독도는 흙층이 얇고 바람과 소금기의 영향을 많이 받기 때문에 동식물이 살기 좋은 곳은 아니에요. 척박한 환경에도 잘 견디는 동식물만 살아남을 수 있어요.

독도의 식물

참나리

섬기린초

섬장대

독도의 식물들은 거의 한반도에서 울릉도를 거쳐 건너왔어요. 식물의 씨앗을 먹은 철새들이 가을 편서풍을 타고 이동하면서 독도에 배설물을 남기고 가고, 거기서 싹이 튼 거죠. 현재 해국, 술패랭이, 왕호장근, 섬기린초, 초종용, 소리쟁이, 도깨비쇠고비, 곰솔, 섬장대, 쑥, 쇠비름 등 50~60종이 독도에 뿌리내리고 살

갯사상자

술패랭이

닭의장풀

왕해국

고 있어요.

  이들은 강한 바람에도 살아남아야 해서 대부분 키가 작고 잎이 두꺼워요. 잎이 두꺼워서 곤충은 적은 편인데, 그래도 딱정벌레, 잠자리, 집게벌레 등은 볼 수 있어요. 한편 해송, 동백, 사철나무

박주가리

초종용

갯까치수염

등은 원래 있던 것이 아니고 외부에서 가져와 심은 거랍니다. 독도는 철새들이 쉬어가는 곳이자 알을 낳는 번식지이기도 해요. 독도에서 관찰된 새들은 총 139종으로 괭이갈매기, 바다제비, 슴새, 알락할미새, 섬참새 등이 대표적이에요.

독도의 바다 새

괭이갈매기
학도요
가마우지
황로
밀화부리

독도 주변 바다는 차가운 바닷물과 따뜻한 바닷물이 만나는 곳이라 바다생물들의 먹이가 되는 플랑크톤이 풍부해요. 따라서 물고기들이 많고 종류도 다양해요. 겨울에는 찬물을 좋아하는 명태와 대구, 여름에는 따뜻한 물을 좋아하는 고등어, 오징어, 삼치 등이 많아요.

전복, 홍합 등 조개류와 미역, 다시마, 김 등 해조류도 풍부해

독도의 바다생물

무쓰뿌리돌산호

돌돔

보라성게

요. 새우도 많이 살고 있어요. 흔히 '독도새우'라고 하는 것은 독도 주변 바다에 사는 새우 3종, 즉 도화새우, 물렁가시붉은새우(꽃새우), 가시배새우(닭새우)를 통틀어 부르는 말입니다. 이 새우들은 독도뿐만 아니라 다른 바다에서도 볼 수 있어요. 최근에는 지구온난화로 바닷물 온도가 올라가면서 독도 주변 바다에도 영향을 미치고 있답니다.

검은테군소

흰갯민숭달팽이

청각

용치놀래기

5장

가슴이 뭉클해지는 곳

드디어 독도 가는 배를 타는 날이에요. 시우와 삼촌은 배 출발 시간보다 일찍 터미널에 도착해 승선권을 받았어요.

"시우야, 그거 버리지 말고 잘 갖고 있어."

"왜?"

"나중에 독도명예주민증 신청할 때 필요하거든. 혹시 날씨 때문에 독도에 못 들어갔어도 상관없대."

"아, 맞다! 독도명예주민증 만들어야지!"

안 그래도 시우는 독도에 갔다 오면 기념으로 독도명예주민증을 만들려고 했던 참이었어요. 시우는 승선권을 행여 잃어버릴까 봐 가방에 잘 보관했어요.

터미널에는 사람이 점점 많아졌어요. 물론 모두 독도에 가는 사람들이에요. 차림새를 봐도 한눈에 독도에 가는 사람인 걸 딱 알 수 있어요. 남녀노소 할 것 없이 모두 태극기를 들고 있거든요.

이제 배를 탈 시간이 됐어요. 모두 설레는 표정으로 태극기를 들고 줄 서서 배에 올랐어요.

자, 출발!

울릉도를 떠난 배는 독도를 향해 나아갔어요. 창밖으로 푸르른 동해가 펼쳐지고, 저 멀리 수평선이 보여요. 다행히 파도는 그리 높지 않았어요.

때마침 선장의 안내 방송 소리가 들려왔어요. 선장은 독도 도착 예정 시간을 알려주면서, 독도 주변의 날씨에 따라 독도에 입항(입도)을 못 할 수도 있다고 했어요.

"여기는 파도가 그렇게 높지 않은데…. 중요한 건 독도 주변 바다의 상황이야. 아직 안심할 수 없어. 시우야, 일단 마음 편하게 먹고 기다리자. 알았지?"

"응."

시우는 대답은 그렇게 했지만, 마음이 편하지는 않았어요. 독도 주변 바다에 바람이 많이 불지 않기를, 파도가 높지 않기를 간절히 기도하는 마음이었어요. 주변을 둘러보니 다른 사람들도 모두 비슷한 마음인 것 같았어요.

실제로 독도에 내릴 수 있을지 없을지는 마지막 순간까지 가 봐야 알아요. 다행히 독도에 입항한다 해도 섬에 내려서 둘러볼 수 있는 시간은 20~30분 정도밖에 안 돼요. 독도의 자연환경을 보호하기 위해 섬에 머무는 시간을 제한하는 거랍니다. 독도 전체를 다 가볼 수 있는 것도 아니에요. 서도에는 갈 수 없고 동도의 선착장 근처만 다닐 수 있어요.

시우와 삼촌은 일단 독도에 들어간다고 보고 계획을 세웠어요. 시간이 별로 없으니 재빨리 드론 촬영부터 하고 그다음에 기념사진을 찍기로 했어요.

희미하던 독도의 모습이 점점 선명해졌어요. 가까이 다가오는 독도의 늠름한 모습에 모두 탄성을 지르며 열심히 사진을 찍었어요. 독도에 내릴 수 있을까 없을까, 이제나저제나 하고 있는데 안내 방송이 흘

러나왔어요. 다행히 파도가 세지 않아 입항할 수 있다고 하니, 사람들 모두 좋아서 손뼉을 치며 환호했지요. 드디어 독도가 코앞으로 다가왔어요! 말없이 우뚝 솟은 동도와 서도는 정말 웅장해 보였어요.

독도를 찾는 사람들

짠! 배가 선착장에 닿자, 무사히 독도에 도착했다는 방송이 흘러나왔어요. 곳곳에서 박수가 터져 나왔어요.

"시우야, 저기 봐봐!"

삼촌이 가리키는 곳을 보니 제복을 입은 독도경비대원들이 한 줄로 서서 경례하며 맞아주고 있었어요.

"와, 멋있다!"

시우는 그 모습이 너무 멋있어서 나중에 커서 독도경비대원이 되고 싶다는 생각이 들었어요.

다들 조금이라도 배에서 빨리 내리려고 문 앞에 줄 서서 기다렸어요. 시우도 삼촌 손을 꼭 잡고 줄을 섰어요. 독도에 발을 딛기 직전의 이 순간, 왠지 가슴이 두근거리고 설렜어요.

드디어 배 문이 열리자, 저마다 태극기를 든 사람들이 독도를 온몸으로 느끼기 위해, 또는 멋진 사진을 남기기 위해 서둘러 움직였어요. 펄럭이는 태극기들의 물결을 보고 있으니 시우는 괜히 가슴이 울컥해졌어요. 이런 게 나라 사랑하는 마음인가, 싶었어요.

시간이 길지 않으니 서둘러야 해요. 삼촌이 독도경비대원에게 서류를 보여주자 대원은 서류를 확인하고는 독도에서 촬영하면 안 되는 곳을 일러줬어요.

삼촌은 사람이 비교적 적은 곳에 가서 재빨리 드론을 띄웠어요. 드론이 날기 시작했어요. 독도 위를 비행하며 독도의 이곳저곳을 카메라에 담는 드론을 보며 시우는 가슴이 뭉클해졌어요. 이렇게 넓은 바다에 혼자 떠 있는 독도가 외롭지 않도록, 독도를 잘 지켜줘야겠다는 생각이 들었어요.

문득 둘러보니 괭이갈매기가 어찌나 많은지 몰라요. 괭이갈

　매기의 노란 부리와 다리는 정말 볼 때마다 귀여워요. 괭이갈매기뿐만 아니라 예쁜 꽃들과 풀도 하나하나 눈에 들어오고, 저 멀리 바다에서 고기 잡는 배도 새롭게 보였어요.

시우와 삼촌은 드론 촬영을 마치고 독도의 '인생 숏' 포인트로 유명한 '독도이사부길' 도로 명판과 '대한민국 동쪽땅끝' 표지석에서 사진을 찍었어요. 서둘러 선착장 쪽으로 오니 '독도 천연보호구역' 안내문과 독도 강치 조형물이 보였어요. 독도 강치 조형물은 2015년에 광복 70주년을 기념하여 세워진 거예요. 조형물에는 다음과 같은 글이 새겨져 있어요.

강치야 독도야 동해바다야
사라져간 강치를 기념하여 비를 세우노니
우리 바다 영토 지킴이가 되어주소서

시우는 꿈에서 만난 강치가 생각났고, 강치와 했던 약속을 다시 떠올렸어요. 배 탈 시간이 되었음을 알리는 뱃고동 소리가 들려왔어요. 시우와 삼촌은 마지막으로 독도경비대원과 함께 사진을 찍고 배에 올랐어요.

이제 아쉬운 마음을 뒤로 하고 독도를 떠나야 하는 순간이에요. 배가 서서히 움직이기 시작했어요. 창밖으로 독도경비대원들이 경례하는 모습이 다시 보였어요. 시우와 삼촌은 힘차게 손을 흔들었어요. 외딴섬 독도에서 고생하는 대원들에게 진심으로 감사한 마음을 담아 보내는 인사였어요. 옆을 돌아보니 다른 사람들도 모두 손을 흔들고 있었어요.

시우는 조금씩 멀어지는 독도에게 마음속으로 인사를 건넸어요.

'독도야, 잘 있어! 또 올게!'

울릉도로 돌아오는 배 안에서 시우는 우리 땅, 우리 바다, 우리 하늘에 대해 생각해 보았어요. '우리.' 늘 쓰던 말이지만 이제 '우리'라는 말의 범위를 좀 더 넓혀서 생각해 보게 된 거예요.

우리나라. 우리나라 사람, 우리나라 영토.

우리나라 사람은 대한민국의 국민으로서 같은 땅과 바다, 하늘을 무대로 어깨를 나란히 하고 살아가는 이웃이라는 생각이 들었어요.

독도에는 사람이 살고 있을까?

물론 독도에도 사람이 살고 있답니다. 현재 독도경비대원, 등대 관리원, 울릉군청 독도관리사무소 직원, 119구조대원 등이 지내고 있어요. 하지만 일반 주민은 없답니다. 그전에는 있었어요. 1965년 울릉도에서 이사 온 최종덕 씨가 최초의 독도 주민이에요. 그는 독도에 사람이 살아야 진짜 우리 땅이라고 생각해 독도를 삶의 터전으로 삼았어요. 1981년에는 주민등록 주소까지 옮기며 독도 지킴이가 되었지만, 태풍으로 집이 무너지고 말았지요.

1987년 최종덕 씨가 세상을 뜰 무렵 딸 부부(최경숙·조준기 씨)가 그 뜻을 이어받아 독도로 들어와 1994년까지 살았어요. 그 동안에 이웃도 생겨났어요. 1991년 김성도·김신열 씨 부부가 새로 주민이 되었거든요. 하지만 김 씨 부부도 태풍으로 집과 배가 부서져 1996년 독도를 나왔어요.

다행히 후원으로 집과 배를 새로 마련해 2006년부터 다시 독도에서 살았고, 김성도 씨는 2007년 독도리 이장이 되었어요. 부부는 기념품점을 운영하며 소득을 올려 2014년 독도 주민 최초로 국세도 냈어요. 이들의 국세 납부는 독도가 우리 땅임을 국제법적으로 인정받는 데 큰 도움이 됐어요. 2018년 김성도 씨가 세상을 뜬 후 혼자 살던 김신열 씨는 2020년 또다시 태풍으로 피해를 보자 독도를 나와야 했어요. 김신열 씨와 가족들은 독도에서 다시 살게 해달라고 청하고 있지만, 정부는 태풍 피해 복구공사를 이유로 받아들이지 않고 있어요.

독도에는 전화와 인터넷도 개통되어 있고 우체통도 있어요. 전기는 일찌감치 설치한 발전기를 돌려 공급하고 있는데, 최근에는 태양광 발전설비도 쓰고 있어요. 물은 담수화 설비를 통해 바닷물을 민물로 만들어서 사용하고 있답니다.

우리가 독도에 가는 것은 어떤 의미가 있을까?

독도는 쉽게 갈 수 없는 곳이지만 그래도 매년 수십만 명이 독도를 방문하고 있어요. 하지만 2005년 이전에는 아예 갈 수 없는 곳이었어요. 2005년 3월 16일 일본이 '다케시마의 날'을 제정하고 독도에 대한 야욕을 드러내자 우리 정부는 바로 다음 날 독도를 공개 제한지역 목록에서 빼고 일반인의 독도 방문을 허용했어요.

그때만 해도 동도에 대해서만 입도가 가능했고, 하루 입도 인원도 1,880명 이내로 제한되어 있었어요. 그러다 4년 후인 2009년에는 하루 입도 인원 제한도 아예 없어졌어요(서도는 아직 입도 제한지역이에요). 정부가 입도 인원을 더 이상 제한하지 않은 이유는 무엇일까요? 우리 국민이 특별한 절차 없이 다른 국내 여행지와 마찬가지로 자유롭게 독도에 갈 수 있다는 것은 우리가 독도를 실질적으로 소유·지배·관리하고 있다는 명백한 증거이기 때문이에요.

우리가 독도에 더 많이, 더 자주 갈수록 SNS 등을 통해 국내외에 독도의 빼어난 경관이 널리 알려지고 독도가 우리 땅이라는 것도 널리 알려지게 돼요. 이는 우리의 독도 영유권을 더욱 확실하게 만드는 방법이에요.

6장

우리가 아끼고 사랑하는 곳

　울릉도로 돌아온 시우는 독도비즈니스센터(독도관리사무소)에 가서 독도명예주민증을 신청했어요. 온라인으로 신청하면 집으로 무료 택배로 보내준다지만 시우는 그 자리에서 받고 싶었어요. 그런데 시우는 승선권을 잃어버린 줄 알고 깜짝 놀랐어요. 다행히 바로 찾았지요. 혹시 승선권을 잃어버렸더라도 독도 가서 찍은 사진을 보여주면 되니까 걱정하지 말아요!

10분 정도 기다리자 주민증이 나왔어요. 주민증이 있으면 울릉도에서 할인 등 혜택을 많이 받을 수 있는데 삼촌과 시우는 일정상 울릉도에 더 머물 수 없었어요.

집에 돌아온 시우는 그대로 곯아떨어졌고, 그날 밤 시우는 꿈속에서 다시 강치를 만났어요.

"시우야 안녕? 독도는 잘 갔다 왔니?"

"응 강치야, 독도 정말 좋더라."

"헤헤. 맛있는 게 많은 곳이기도 해. 우리가 좋아하는 독도새우, 꽁치, 고등어, 오징어가 많아서 살기 참 좋았지."

"앗, 나도 다 좋아하는 건데! 아무튼 너희들이 왜 그렇게 슬프게 멸종되어 갔는지 자세히 알게 됐어. 그때 너희들을 지켜주지 못해서 정말 미안해. 하지만 지금은 그때와 달라. 독도경비대도 있고, 온 국민이 독도를 지키기 위해 똘똘 뭉쳐 있으니까 말이야."

"그래, 다행이야!"

"물론 옆 나라 일본이 계속 독도를 탐내고 있어서 신경이 쓰이긴 하지만, 문제없어!"

"그런데 그런 일본을 돕는 한국인들이 있어. 그때도 그랬고, 지금도 마찬가지야. 역사 공부를 더 하게 되면 알 거야. 그들을 조심해야 해!"

강치는 알 듯 모를 듯한 말을 남기고 사라졌어요.
"그런 일본을 돕는 한국인들이 있다고? 에이 설마!"

강치와 헤어진 시우가 좌우를 둘러보니 어느새 몸이 독도에 가 있었어요. 시우는 독도에서 헤엄쳐 바다를 건너 일본까지 갔어요. 시우는 수영할 줄 모르는데 이상하게도 물속에서 자유자재로 움직일 수 있었어요. 그 먼 거리를 헤엄쳐서 가는데 하나도 힘들지 않았어요. 일본에 도착하니 사람들이 많이 모여 있었어요. 마치 시우가 오기를 기다리고 있는 것 같았어요. 시우는 수영복 차림으로 연단에 올라가 큰 소리로 외쳤어요.
"독도는 우리 땅이야! 왜 너희 땅이라고 우기는 거야? 독도 탐내지 말라고!"
시우의 외침이 일본 전역으로 메아리처럼 퍼져갔어요.

"독도는 우리 땅이야! 독도 탐내지 말라고!"
시우의 우렁찬 잠꼬대 소리에 놀란 엄마 아빠가 달려와서 시우를 흔들어 깨웠어요.

"시우야! 시우야!"

"시우야, 괜찮아?"

시우는 잠에서 깨기는커녕 이제는 드르렁드르렁 코를 골기 시작했어요.

"많이 피곤했나 보네."

"근데 방금 독도는 우리 땅이라고 하지 않았어?"

"응."

"시우가 이번에 독도 공부 확실히 하고 왔네! 독도 지킴이가 되어서 왔어! 호호호."
"그러게 말이야. 하하하."

다음날 학교에 간 시우는 독도명예주민증을 친구들에게 자랑했어요.
"짠! 너네, 이거 뭔지 알아?"
"뭔데? 독도명예주민증? 너, 독도로 이사 갔냐?"
"너, 진짜 독도 갔다 온 거야?"
"물론이지. 너네도 가봐. 꼭 가봐."
"왜? 어떤데?"
"음…. 일단 가봐. 가서 독도를 실제로 보면, 독도를 두 발로 밟아보면, 진짜 우리 땅이구나 하는 느낌이 확 올 거야."
"아, 나도 가보고 싶다."

시우는 교외체험학습 결과보고서를 정성스럽게 써서 냈어요. 느낀 점이 정말 많았거든요. 이를 본 선생님이 시우에게 독도에 다녀온 이야기를 친구들에게 들려주라고 했어요. 시우는 반 친구들 앞에서 독도에 가서 보고 듣고 느낀 것을 이야기했어요.

"가기 전에는 잘 몰랐는데, 독도에 실제로 가보니까 정말 멋진 곳이었고, 괜히 가슴이 뭉클했습니다. '독도 사랑' 글짓기를 다시 한다면 지난번보다 더 잘 쓸 수 있을 것 같아요."

"그럼 시우는 글짓기 다시 낼래?"

"네? 그건 좀…."

시우가 머리를 긁적이면서 당황하자 선생님과 친구들 모두 깔깔 웃었어요.

"그래요, 그런 독도를 일본에 절대 뺏기면 안 되겠죠?"

"네!"

모두 힘차게 대답했어요. 시우는 다시 말을 이어갔어요.

"정말로 독도를 잘 지켜야 한다는 걸 다시 한번 느꼈어요. 나중에 친구들도 꼭 독도에 가봤으면 좋겠어요."

"그래, 선생님도 아직 독도에 못 가봤는데 한번 가보고 싶어. 실제로 가보면 정말 느낌이 다를 것 같아요."

"저도요!"

"저도요!"

"학년이 조금 더 높아지면 수학여행이라는 것을 가게 돼요. 교실에서 공부하는 것 못지않게 현장에서 하는 공부도 중요하니까요. 요즘에는 수학여행을 독도로 가는 학교가 꽤 있어요. 우리 학교도 수학여행을 독도로 가면 좋겠죠?"

"네!"

시우와 친구들은 교실이 떠나갈 정도로 우렁차게 대답했어요.

시우는 기념으로 사온 독도 일러스트 스티커를 선생님과 친구들에게 나눠줬어요. 스티커는 강치, 등대, 괭이갈매기, 경비대원, 태극기 등등 다양했어요.

선생님과 친구들은 스티커를 얼굴에 붙이고 단체 사진을 찍기로 했어요. 선생님이 휴대폰을 꺼내 사진 찍을 준비를 하면서 말했어요.

"자, 독도는 우리 땅이라고 힘차게 외쳐 봅시다!"

"네! 독도는 우리 땅!"

찰칵!

지식 한 걸음

독도가 우리 땅이라는 명백한 증거들

독도가 우리 땅이라는 증거는 우리나라와 일본 양국의 문서와 지도에 차고 넘칩니다. 우선 지도부터 볼까요? 우리나라에서 독도가 표기된 최초의 지도는 「팔도총도」예요. 1531년에 나온 『신증동국여지승람』에 실려 있는데, 울릉도와 함께 우리 영토로 그려져 있어요. 1785년 일본에서 만들어진 「삼국접양지도」에는 독도와 울

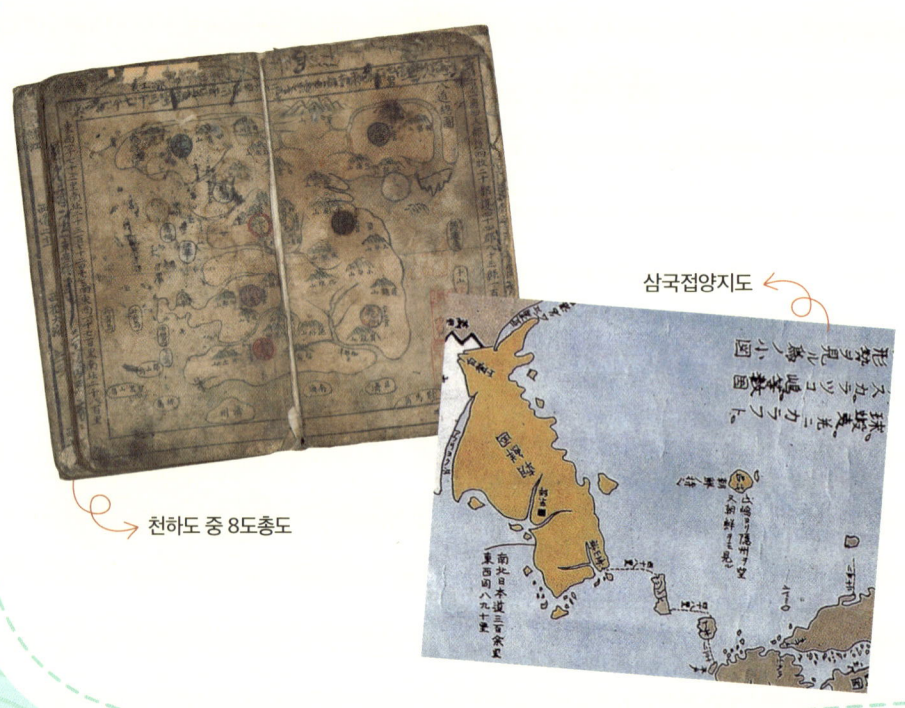

천하도 중 8도총도

삼국접양지도

릉도가 우리나라 본토와 같은 색으로 표시되어 있고 '조선의 것'이라고 씌어 있어요. 1877년에 제작된 「대일본전도」는 일본이 자기네 영토를 그린 지도인데 일본의 섬들은 다 있고 독도는 없답니다.

이제 문서들을 볼까요? 1454년에 만들어진 『세종실록지리지』에는 날씨가 맑은 날에 울릉도와 독도가 서로 보인다는 내용이 있어요. 또 1900년 대한제국 칙령 제41호에서는 당시 독도가 울릉군에 속해 있었다는 사실을 알 수 있어요. 일본 문서에도 증거가 있어요. 1877년 당시 일본 최고 국가기관인 태정관은 울릉도와 독도가 조선 영토라고 결론 짓고 이를 문서로 만들었는데 이를 '태정관 문서'라고 해요.

당시 일본 정부는 전 국토의 지도와 지적도를 만들고 있었어요. 각 지방에서는 정부의

세종실록지리지

명령으로 조사를 벌였는데, 시마네현에서는 울릉도와 독도를 지도에 넣어야 하는지를 두고 의견이 엇갈렸어요. 그래서 일본 정부에 물어봤고, 일본 정부가 오랜 검토 끝에 '울릉도와 독도는 조선 영토이기 때문에 일본과 관계없는 땅'이라고 결론 내린 거예요.

광복 후인 1946년 연합국 최고사령관 각서 제677호에도 독도 관련 내용이 있어요.

"일본은 일본의 4개 본도(홋카이도, 혼슈, 시코쿠, 규슈)와 약

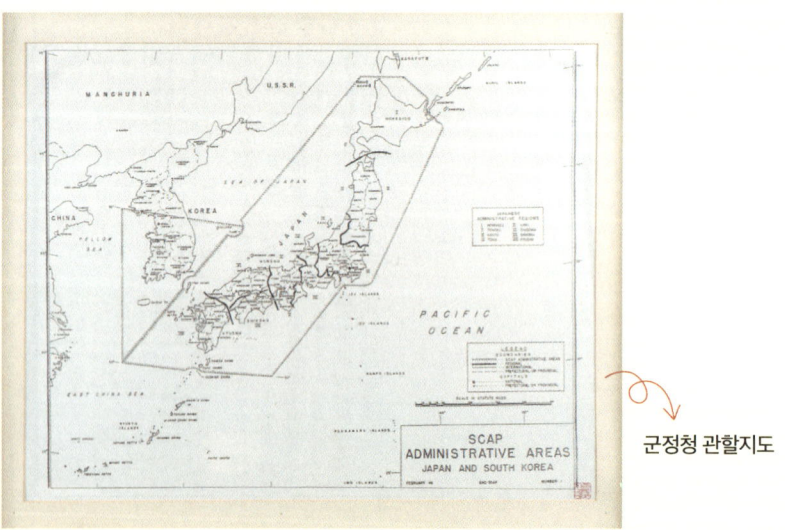

군정청 관할지도

1,000개의 더 작은 인접 섬들을 포함한다. (인접 섬 중에서) 제외되는 것은 울릉도·리앙쿠르암(독도) 등이다."

이는 독도가 국제적으로 우리 땅으로 인정받고 있었다는 것을 말해주는 증거랍니다.

일본의 독도 영유권 주장에 어떻게 대응해야 할까?

여러분이 태어나기 한참 전에 제16대 대통령(2003년 2월~2008년 2월)을 지낸 고 노무현 대통령은 당당하고 자주적인 외교를 펼쳐 많은 국민의 공감과 지지를 얻었어요. 특히 일본의 독도 문제, 역사 왜곡 등과 관련하여 단호하게 대응하였고, 2006년 4월 '한일 관계에 대한 특별 담화문'을 발표하며 다음과 같은 유명한 연설문을 남겼습니다.

"독도는 우리 땅입니다. 그냥 우리 땅이 아니라 특별한 역사적 의미를 가진 우리 땅입니다. 독도는 일본의 한반도 침탈 과정에서 가장 먼저 병탄된 역사의 땅입니다. 일본이 러일전쟁 중에 전쟁 수행을 목적으로 편입하고 점령했던 땅입니다. (…) 지금 일본이 독도에 대한 권리를 주장하는 것은 제국주의 침략전쟁에 의한 점령지 권리, 나아가서는 과거 식민지 영토권을 주장하는 것입니다. 이것은 한국의 완전한 해방과 독립을 부정하는 행위입니다. (…) 우리 국민에게 독도는 완전한 주권 회복의 상징입니다."

일본은 지금도 독도와 동해를 자기네 것이라고 주장하며 국제 사회에서 홍보에 열을 올리고 있습니다. 우리는 어떻게 해야 할까요?

우리 사회에는 일본과 잘 지내야 한다며 일본이 싫어하는 말과 행동을 하지 말자는 사람들이 있습니다. 일본이 독도를 자기네 땅이라고 우기는 것을 모른 척하고 눈감아주자고도 합니다. 또, 과거보다 미래가 중요하니 지나간 역사를 자꾸 이야기하지 말자고 합니다.

물론 일본과 이웃 국가로서 협력하는 것도 중요합니다. 하지만 주권국가가 영토를 포기하는 것은 스스로 주권을 포기하는 것입니다.

독도는 경제적·군사적·지정학적으로 매우 중요한 곳입니다. 이런 독도를 지켜내기 위해 정부는 정부대로 할 일을 하고 우리도 각자 할 일을 찾아보면 좋겠습니다. 무엇보다도 독도에 관심을 갖고 독도를 알릴 방법을 궁리하고 실천하면 어떨까요? 물론 독도를 방문하는 것도 빼놓을 수 없겠죠!